Citim. Știm.

ANTONIU SÎNTIMBREAN

Încleștarea zorilor

POEME

NICULESCU

Valoarea timbrului literar este 2% din prețul de vânzare și se adaugă acestuia.
Sumele se virează la Uniunea Scriitorilor din România,
cont nr. RO44 RNCB 5101 0000 0171 0001, sucursala BCR Unirea.

Descrierea CIP a Bibliotecii Naționale a României
SÎNTIMBREAN, ANTONIU
   Încleștarea zorilor : poeme / Antoniu Sîntimbrean. - București : Editura Niculescu, 2022
   ISBN 978-606-38-0678-0

821.135.1

© Editura NICULESCU, 2022
   Bd. Regiei 6D, 060204 – București, România
   Telefon: 021 312 97 82; Fax: 021 314 88 55
   E-mail: editura@niculescu.ro
   Internet: www.niculescu.ro

Comenzi online: www.niculescu.ro
Comenzi e-mail: vanzari@niculescu.ro
Comenzi telefonice: 0724 505 380, 021 312 97 82

Ilustrație copertă: www.shutterstock.com

Tehnoredactor: Lucian Curteanu
Copertă: Carmen Lucaci

ISBN 978-606-38-0678-0

Editura NICULESCU este partener și distribuitor oficial **OXFORD UNIVERSITY PRESS** în România.
E-mail: oxford@niculescu.ro; Internet: www.oxford-niculescu.ro

Dedic acest volum de versuri tatălui meu,
Emil, prea repede plecat dintre noi

CUVÂNT-ÎNAINTE

Cred că foarte mulți dintre români se nasc cu drama și poezia în sânge. Așa sunt și eu! Am cochetat cu poezia încă din ciclul gimnazial. Prima poezie, intitulată Venin, am scris-o la vârsta de 15 ani. Ea se regăsește în acest volum de versuri.

Poezia a însemnat pentru mine o modalitate de a evada din cotidian, un tărâm în care puteam să fiu exact așa cum simțeam în inima mea. Asta pentru că în realitatea cotidiană în care trăiam, să fii poet, să scrii poezii, era privit ca o slăbiciune.

Mereu m-am privit ca pe un pisoi într-o armură de samurai – indestructibil la exterior, dar foarte sensibil în interior. De aceea, inițial, am ales să public online primele poezii, sub pseudonimul Toni SAO – o modalitatea de a mă ascunde, nu atât de cei din jur, cât de mine.

Dar, odată ce ne împăcăm cu noi înșine, ceea ce cred cei din jur despre noi devine mai puțin important. Am realizat asta abia după moartea unuia dintre cei mai buni prieteni ai mei care-mi era un mare susținător și totodată editorul meu pentru poeziile publicate online.

Am avut nevoie de o tragedie pentru a realiza că viața nu este despre ceea ce cred ceilalți despre noi, ci este despre modul în care te vezi, te accepți și te îmbrățișezi tu.

Așa a luat naștere, în anul 2020, primul meu volum de versuri – „Printre stele", care înglobează poezii scrise în decursul a 25 de ani. Iată că după puțină vreme, acum, în 2022, public al doilea volum – „Încleștarea zorilor".

În ambele cărți veți găsi un amalgam de experiențe ale sufletului meu din ultimele decenii, dar care nu au legătură cu starea mea actuală de spirit. Scopul poeziilor pe care le-am scris nu este acela de a striga după ajutor, ci de a descărca o emoție, de a o așterne pe hârtie și de a învăța apoi ceva din această experiență. Pentru că, fără toate aceste emoții, nu aș mai fi omul care sunt astăzi. De aceea, încurajez pe oricine să-și analizeze trăirile, să le verbalizeze, să le discute, pentru că nu este nicio problemă să strigi uneori după ajutor.

Nu am privit niciodată poezia ca pe un mod de comunicare, ci, mai degrabă, ca pe o modalitate de a-mi înțelege mai bine sentimentele. Am scris pentru a putea să-mi observ mai bine gândurile și pentru a găsi soluții la problemele care mă apasă.

M-aș bucura foarte tare ca poeziile mele să vă ajute să identificați și să eliberați anumite stări ascunse dintr-un cotlon al inimii voastre.

Prin aceste versuri vreau să împărtășesc cu voi valoarea recuperată a experiențelor de viață din trecut, bucuria prezentului, dar, mai ales, speranța și puterea de a depăși provocările zilei de mâine!

Autorul

TĂVĂLUGUL IUBIRII

Prins în lanțuri să nu scape
A rupt muntele din loc,
Ca de ea să fie-aproape,
Cum e flacăra de foc.

A rupt lanțul nemuririi,
Ce de veacuri îl lega
Și cupola strălucirii,
Ce demult îl subjuga.

A șters tot ce-i stă în cale,
Chiar și stelele pustii
Prinse-n semne zodiacale
Printre gânduri zavistii.

Pe pământul strâmb și aspru,
Prima dată a pășit,
Fără aerul lui sobru
Ce de veacuri l-a vrăjit.

A pășit în lumea oarbă
Ce în față i-a ieșit,
Încercând ca să absoarbă
Dragostea ce l-a sleit.

Pe pământ nu mai e rege,
Razele lui au apus,
Deși el nu înțelege,
Că lumina lui s-a dus.

El, ajuns fără putere,
Printre oameni o zări,
Învelită în mistere,
Pe aleasa inimii.

Lângă ea ajunge-n grabă,
De nimic nu se temea.
Cine ești? Femeia întreabă...
Ești un om sau ești o stea?!

Soarele:
— Sunt un om făcut din raze,
Cu lumină mă-nvelesc,
Umplu lumea ta de oaze,
Încercând să te găsesc.

De mult caut printre astre,
Dar ca tine nu găsesc,
Sus, pe bolțile albastre,
N-aveam cum să te-ntâlnesc.

Vreau din flori să-ți fac cunună,
Părul să ți-l împletesc,
Și, sub norii ce se-adună,
Să îți murmur: te iubesc!

Luna:
— Știu că ai trecut la fapte,
Dar eu nu te pot vedea,
Când pășesc aievea-n noapte,
Căutând lumina ta.

Cerul palid e de piatră,
Tot așa inima mea,
Aruncată într-o vatră,
În care nimic n-ardea.

Pe pământ e-acuma seară,
Oamenii au dat de greu,
Lumina ta e ca o gheară,
Iar dragostea-ți e un clișeu.

Lume-acum e adormită,
Cufundată-n noaptea grea,
De lumină e privată
Doar ca eu să fiu a ta!

Soarele nu înțelege
Rolul său pentru pământ
Și nu poate să dezlege
Acel sacru jurământ.

Soarele:
— Hai cu mine printre stele
Pe boltă să hoinărim,
În ceruri să-ți fac castele
În care să ne iubim.

Sus, în cer, te fac regină,
Peste tot ca să domnești,
Inima-mi să-ți aparțină,
Peste ani să dăinuiești.

Sau de-ți este drag pământul,
Eu las nemurirea mea
Și îmi lepăd și veșmântul
Și lumina mea de stea...

Luna:
— Eu te înțeleg pe tine
Că din suflet mă iubești,
Noi avem alte destine
Și mi-e teamă că greșești.

Cerul parcă se revoltă,
Pe pământ totu-i pustiu
Dacă nu te urci pe boltă
Vom ajunge în sicriu.

Pe pământ e-acuma noapte
De când tu eşti în exil,
Totul pare să se-ndrepte
Spre un mediu volatil.

Soarele:
— Eu pe boltă urc călare
Să cer nemurirea ta,
Să-ţi dau razele-mi solare,
Mamei te voi prezenta.

Şi-i voi cere să te-aducă
Sus, pe cer să străluceşti,
Iar lumina ta să ducă
Razele-mi ce le iubeşti.

Luna:
— Ştiu că-ţi par atrăgătoare,
Dar eu nu pot fi a ta,
Sunt deja nemuritoare,
Însă numa-n lumea mea.

Am plecat de mult din ceruri
Să îmi caut liniştea,
Vreau să uit acele vremuri,
Nu mai vreau să fiu o stea.

Soarele:
— De o viaţă-ţi apăr cerul
Nu ştiu face altceva,
Nu cunosc decât eterul,
Nu ţi-am spus să-mi dai ceva.

Tu eşti mama creatoare
Ce ai tot în grija ta,
De la omul care moare,
Pân' la nemurirea mea.

Nu îţi cer să-mi dai averea,
Deja simt că sunt bogat.
Am descoperit iubirea,
Scopul meu eu l-am aflat.

Scapă-mă de nemurire
Şi de strălucirea mea,
Doar o zi să-i simt iubirea
Şi să mă îmbăt cu ea...

Kotys (mama):
— Tu nu poți așa deodată
Să îți cauți dragostea,
Să lași lumea cufundată
Într-o noapte fără-o stea.

Nu poți să privezi pământul
De toată căldura ta,
Nici ca să-ți încalci cuvântul
Pe care-l vei respecta.

Nemurirea nu-i o vorbă.
Ce faci tu e un păcat,
Omenirea nu-i o jerbă
Aruncată în neant.

Iubirea ta e o minciună,
Trăirea ei e un păcat,
Îndată norii se adună
Și o să fii un exilat.

Iubirea e adesea oarbă,
Iar gustul ei este amar,
Când dragostea o să te-absoarbă
Vei fi în mână la dijmar…

Eu am pierdut deja o fiică
Ce hoinărește în zadar,
Uitată-n lumea ei pitică
Unde iubirea e un dar…

Hai, du-te îndată și răsari
Pe bolta cristalină,
În timp ce tu pe cer apari
Pe ea o fac regină.

Luna:
— Iubitule, pe bolta vastă,
Eu văd doar stelele pustii,
Care se pierd ca o năpastă,
În timp ce te aștept să vii.

Pe cerul nopții m-am trezit,
Sunt într-o închisoare,
Și razele mi-au putrezit,
Iar sufletul mă doare.

Pesemne mamei tu i-ai spus
Și a ajuns la mine,
Pe cerul nopții ea m-a pus,
Dar nu sunt lângă tine.

Pe tine vreau să te privesc,
În noaptea de opal,
Dar văd în inimă că-mi cresc,
Bucăți albastre de cristal.

Ea plânge-n noapte căutând,
Dar el este departe,
Coroana cerului purtând,
Cu visele-i deșarte.

Soarele:
— Pământu-i alb, parcă pustiu,
Iar bolțile-s străine,
Pierdut pe cerul albăstriu,
Tu nu ești lângă mine.

Pe boltă singur azi răsar
Și caut în neștire
Privirea ta, dar în zadar…
Căci nu îi dau de știre!

Cobor pe boltă l-asfințit
În lumea unde-i interzis
Și sper că azi ai răsărit,
Însă te văd numai în vis.

În vis apari la nesfârșit
Și suntem împreună,
Dar bolta încă n-ai găsit
Și totu-i o minciună.

Norii-ncep să îngrădească
Cerul ăsta albăstrui,
Bolțile să se unească,
Eu să fiu al nimănui.

Eu cobor s-ajung la tine,
Caut să te întâlnesc,
Dar nu ești după cortine,
Simt ușor că-nebunesc.

Stelele le-a șters deodată
De pe-albastrul ăsta viu,
Fără de orice regrete,
Că îi cerul prea pustiu.

A lăsat în urmă moartea
Și-al meu suflet purpuriu,
Și-a ascuns de mine noaptea
Și pe tine... asta știu.

Luna:
— Tristă-i viața-n închisoare,
Tristă-s eu, căci făr' să știu,
M-am îndrăgostit de Soare
Care plânge în pustiu.

Toată dragostea din mine
Ce pe tine te dorea,
A-nceput ca să suspine,
Să m-arunce-n noaptea grea...

În imensitatea negrului din față,
Tu-mi pari a fi un curcubeu,
Un biet copil ce se răsfață,
O vrajă-n sufletul meu greu.

Pe cer tu arzi ca o făclie,
Ce-și arde focul de-nceput
Și luminezi cu raza-ți vie,
Poteci ce nu sunt de trecut.

Soarele:
— În marea moartă și sărată,
Te pot vedea cum strălucești,
Când eu răsar pe bolt-albastră
Iar tu-a mea lume părăsești.

Luna:
— Deși în flăcări tu trăiești,
Privirea-ți e de gheață.
Aș vrea să nu mă mai iubești
Și să revii la viață.

Soarele:
— Deși eu sunt captiv în zi,
Iar tu te-ascunzi în noapte,
Iubirea mea va dăinui
Prin raze și prin șoapte.

OMĂTUL ȘI RAZELE DE SOARE

Fulgi de nea coboară lin
Cu gândul că o rază
Din cer îi va vedea căzând
Și-i va topi îndată.

Omătul alb s-a așternut,
Dar astăzi el tresare,
Căci razele au apărut
Și nu mai e scăpare.

Albul său nemărginit
Deodată se topește
Și în oceanul infinit
Splendoarea-și risipește.

INIMI DE GHEAȚĂ

Privighetori uitate cântă-n seară,
Păsări pierdute, fără stol,
Despre iubire, despre viață,
Care se scurge ca un rol.

Iubiri pompoase sub falsele costume
Se pierd în lumea fără soț,
Iubiri ce nu au niciun nume,
Cu inima de fac negoț.

Gânduri turbate mă apasă
Când mă cuprinde al tău dor
Și noaptea grea acum se lasă
Peste petalele ce mor.

Uitat de lume, dorul mă alungă
Și viața surdă parcă-i la liman,
Distanța scurtă, acum e foarte lungă,
Iar timpul meu parcă se scurge-n van.

Copaci de plumb umbresc a noastră curte
Cu umbre reci ce azi nu mai au haz,
Cărări ce altădată erau scurte,
Acum sunt lungi și pline de necaz.

În curtea mea plouă cu piatră,
Iar ceru-albastru acum pare de jar.
Iubirea mea o văd arzând în vatră,
Sufletul meu ca fierea-i de amar.

Înnebunite săbii acum tac în rugină,
Iar gloanțele sunt pregătite de atac,
Ascunse-n umbră, departe de lumină,
Sunt sentimentele ce tac.

Casa mea îmi pare o celulă,
Iar viața asta îmi pare în zadar.
Trăirea de-altădată îmi pare nulă
Căci răni uitate iarăși îmi apar.

Acum, când este dimineață,
Mă urc călare pe-un cal alb,
Și-mi scot afară inima-mi de gheață,
Căci izbăvirea noastră e ALT+TAB.

VIAŢA DIN VIS

Te caut adânc în sufletul meu,
Căci tu-mi eşti alinarea,
La fel ca semnul cel de pleu
Ce îmi indică calea.

În vise te-am aflat râzând,
Tu, zână fermecată,
Dar zorii mă găsesc strigând,
Căci nu mai vii odată.

În minte-s multe amintiri,
Dar toate sunt în ceaţă
Şi întâmplări trandafirii,
Trăite-n altă viaţă.

Ca visele ce pier uşor
Mi-e gândul tot la tine,
Şi nu-mi doresc decât să mor
Că nu eşti lângă mine.

În mintea mea se scurge-anost
Povestea nefardată
Şi conversaţii fără rost,
Ce n-au fost niciodată.

De multe ori încerc s-aduc
Un strop din vis în viață,
Dar visul e un simplu truc,
Iar viața-i o paiață.

Când amintirile mă năpădesc
În ceață cad deodată;
În care lume te iubesc
Eu nu voi ști vreodată!

SOMNUL DE VECI

Când somnul cel de veci te paște,
Timpul rămas e mult prea scurt,
La toți să poți să dai de veste
Și la cei dragi, câte-un sărut.

Imaginează-ți a ta viață,
Ce lasă al trăirii drum,
Că înflorești înc-o dată,
Ca Phoenixul, din propriul scrum.

Dar viața-ți dragă acuma este moartă,
Iar oglindirea ei e la apus.
Iubirea, tot ce-a fost odată…
Tu le-ai lăsat, nimic n-ai spus.

Din anii mei să pot ți-aș da
Să stai iar lângă mine,
Să pot să fiu în preajma ta
Căci știu cât e de bine.

Din lume ai plecat, o știu,
Și-acuma lumea-mi moare.
E ca un cer, imens pustiu…
Albastru fără Soare…

Ușor, ușor pe boltă apar stele
Ce strălucesc intens și luminos,
Ca inima închisă-ntre zăbrele
Ce-și rupe încet elanul credincios.

Pe boltă caut printre nori,
Căci dorul tău m-apasă,
În noapte grea mă trec fiori,
De lume nu-mi mai pasă.

Acum tu nu mai poți să vezi
Ce am făcut cu mine
Și nici nu poți să mă salvezi
Când mi-este dor de tine…

O vorbă să-ți mai spun aș vrea,
O vorbă doar cu tine.
Căci tu ești fericirea mea,
Ești totul pentru mine!

Lumina aceea ai văzut
Te-ai dus spre ea îndată,
O viață-n cer ai început,
Dar eu sunt fără tată...

SPRE EL

Îndreaptă-ți pulsul credinței spre Cer
Și vezi dacă aceasta te va duce la El,
Așteaptă să cadă din stele efemer
Bucăți rupte din poarta de fier.

Iubește simbolul ce este pe Cer
Și vezi dacă poți ajunge la EL,
Adună-ți credința ce ușor se revarsă
Și pășește ușor pe calea aleasă.

Strivește cultura ce se-ndreaptă spre Cer
Și vezi, poate așa vei ajunge la El,
Leagă de El iubirea de-o viață
Pune-ți sufletul pe taraba din piață.

Îndreaptă-ți privirea la greu către Cer
Și vezi rezolvarea adusă de EL.
Roagă-te doar când ești în pustiu,
Cu palmele strânse în negrul sicriu.

Sacrifică tot pentru a ajunge în Cer
Pentru visul amar de-a ajunge la EL,
Donează tot ce ai strâns în casă
Și vezi dacă El te poftește la masă.

Încearcă să râzi privind către Cer
Gândindu-te că nu este nimeni în El,
Privește adânc în inima ta
Și vezi bunătatea ce zace în ea.

Ridică-ți mâinile și strigă spre Cer
Și vezi dacă glasu-ți ajunge la El,
Îndură ocara și recunoaște măcar
Că viața din tine e plină de-amar.

Oricât ai urla acum către Cer,
Glasul tău nu va ajunge la EL,
Fericirea însă de vei căuta,
Uită-te adânc în inima ta!

VIAȚA CA UN RAI

Pajiști pline de plăcere,
Nopți pline de mângâiere,
Zile pline de iubire,
Zâmbete și fericire.

Peste tot în lumea largă
Văd dragostea cum aleargă,
Cum se naște-o amintire
Ce înseamnă a ta iubire.

Norii parc-au dispărut,
Am primit primul sărut,
Inima mi-a-ncremenit,
Și îndată ne-am iubit.

De atunci, pe-acest pământ,
Am făcut un jurământ,
Toată viața ce-o trăiesc
Pe tine să te iubesc.

Zi și noapte ne-am văzut
Pășind în necunoscut,
Pe tărâmul îngeresc,
Doamne, cât te mai iubesc!

Viața mea e-acum un rai,
Vin nuntașii cu alai,
La sfârșit de săptămână,
Tu te-ai îmbrăcat în zână.

Clopotele au bătut
Și alaiul a trecut,
În biserică am intrat,
În altar ne-am sărutat.

Viețile ni s-au unit,
Totul e un infinit,
Dragostea ce o trăiesc,
Zâmbetul ce îl iubesc!

POVESTEA MINCIUNII

De vină-s eu că sunt nătâng și viața asta ciumă,
neîncetat mă zbat și plâng, eu nu te plac minciună.
De veacuri presărată stai în lumea infantilă,
minciună îngâmfată, acum îmi ești ostilă!

Nu pot pe astă lume să povestesc mai tare,
că vezi, dragă, privirea urâtă cum apare.
Apare dintre ramuri în nopțile târzii,
mâncând apoi ca toamna, frunzele încă vii.

Din negură apare minciuna blestemată
și umple lumea toată de ciuma ei spurcată.
Adesea-i văd privirea cum râde înspre cer,
sperând că, ea, minciuna, va zăbovi în el.

Dar adevăru' apare cu tolba-i fermecată
și-mprăștiind lumina, minciuna-i secerată.
Minciuna cade lată, pare c-a murit,
iar binele din oameni, din nou a strălucit.

Dar apriga minciună, pesemne, n-a murit
în apa unei oaze, iar a inflorit.
Dovada ce o leagă de lume a pierit,
la fel ca adevărul ce pare cucerit.

Văzându-se scăpată, minciuna s-a oprit
și întorcând privirea, cu patos a grăit:
Blestem a voastră viața în ceasul cel târziu
să vă-ntâlniți cu mine la oază, în pustiu.

Aud aceste vorbe și gândul îmi îngheață,
iar în deșertul putred, o oază-mi iese-n față.
Poftește și te-adapă din apa nemuririi,
ce poartă omenirea spre culmea împlinirii.

Apa ce se-arată îmi pare că-i spurcată,
căci oglindirea-i dulce, e mult prea fermecată.
Minciună fără viață, ce cauți în pustiu?!
aici e numai moarte, doar eu sunt încă viu.

Îndat' ridic privirea și văd cum cad din cer
mici picături de ploaie care mă fac să sper.
Să sper că refuzată minciuna va muri,
iar adevărul dulce în toți va înflori!

SUNT LUCRURI SCUMPE DE NIMIC

Sunt fețe moarte pe pământ,
Sunt inimi prinse-n jurământ,
Sunt nori ce scutură-n pustiu,
Sunt frunze negre pe sicriu.

Sunt stele albastre ce se sting,
Sunt vânturi reci ce te ating,
Sunt vise multe-n care învingi,
Sunt vieți uitate între chingi.

Sunt nori pierduți pe cerul viu,
Sunt mii de oameni în pustiu,
Sunt luminițe ce lucesc,
Sunt oameni simpli ce iubesc.

Sunt gânduri moarte pe pământ,
Sunt umbre negre în mormânt,
Sunt linii drepte pe câmpii,
Sunt boli ce-omoară ai noști' copii.

Sunt zile când începi să speri,
Sunt zile-n care începi să zbieri,
Sunt zile-n care te căiești,
Sunt zile-n care te ferești.

Sunt oameni ce te ocrotesc,
Sunt vise ce te urmăresc,
Sunt gânduri care te orbesc,
Sunt zile ce te amorțesc.

Sunt ape încleștate-n ger,
Sunt păsări moarte azi pe cer,
E poza ta pe monitor,
Sunt lacrimi multe-n dormitor…

MÂINE

Cât de ciudat îmi sună ceasul dimineții
Când mă trezesc singur în pat,
O pradă-n calea bătrâneții,
Un gând, un vis ce l-am uitat.

Și iarăși este dimineață,
Iar mâinele de ieri e azi
Și îmi repet fără speranță:
„Mai mult de-atât n-o să decazi!"

Dar Soarele ce luminează
Nu stă pe loc în miazăzi.
Pe bolta albastră galopează,
Fără măcar a mă-ncălzi.

Un negru luciu mă-nconjoară
Și mă aruncă-ntre străini,
Iar patul meu în ceas de seară
Îmi pare un sicriu de spini.

M-arunc în el ca într-o smoală,
Prin iadul cald am să mă plimb,
Până ce inima mi-e goală,
Apoi îmi spun c-am să mă schimb...

Îmi spun că mâine o să-ncep,
Că am să fac îndată
Și multe planuri îmi concep,
Dar nu le fac vreodată!

ÎN URMA TA…

Ce rece-i timpul cel flămând
Când nu te pot vedea râzând.
E ca și cum aș îngheța
La Soare stând, febleţea mea.

Și ceru-albastru a-ncărunţit
De când de mine ai fugit.
Iar Soarele a-ncremenit,
Căci iarna rece a venit.

Un vis, atât aș mai avea,
Să vii din nou la mine,
Căci numai ploaie ai lăsat
Când ai plecat, știi bine.

Te-ai dus în ceruri și-ai lăsat
În lumea mea ruine,
La fel cum norii au uitat
De nopţile senine.

VISEZ LA NOI

Trăiesc în lumea mea de vis
Acum că sunt în paradis.
Pierdut în nopțile pustii,
Eu te iubesc, dar tu nu știi.

În mintea mea suntem doar noi,
Un cuplu magic, doi eroi,
Și neîncetat te îmbrățișez.
E doar un vis, iar eu trișez.

Noaptea dormi pe pieptul meu,
Mă faci să cred că sunt un leu,
Te strâng în brațele-mi pustii,
Dar tu nu ești și nici nu vii.

Ușor pe buze mă săruți,
Suntem bătrâni, suntem cărunți.
Suntem un cuplu infinit,
Dar doar în vis, căci m-am trezit.

EU TAC ȘI-NDUR

Ea tace fără-a prevesti,
În timp ce el îi spune
Numai mizerii și prostii,
Dar ea nu se opune.

El zice iar, ea tace iar,
Apoi i se supune,
Și scoate vorbele din jar,
Dar el o tot răpune.

— Tu nu ești bună de nimic,
Lehamitea ți-e mumă.
Mi-ai devenit un inamic,
Ești pentru mine ciumă.

Și câte zile a îndurat
Și câte nopți pierdute
Să-și facă soțul îngâmfat
Din nou să o sărute.

Dar el e iară ocupat,
Ea nu poate s-ajute
Devin străini în propriul pat,
Cu cine să discute?

Nu are prieteni, nici părinți,
Pe toți i-a renegat,
Acum e singură-ntre sfinți,
Cu capul său plecat.

O face proastă zi de zi,
Ea tace și îndură,
Nu are cine o păzi
Îi este viața numai ură.

Dar într-o zi fără soroc,
Cu lama o crestează
Iar ea lipsită de noroc,
O vezi cum sângerează.

Iar ochii ei încet se-nchid,
O vezi încet cum moare,
Și totul pare-un gest stupid,
De ce ai stat tu, oare?!

LACRIMA

Coboară pe obraz ușor
Cu apa ta sărată,
De-atâta patimă și dor
Ți-e inima crăpată.

Șiroaie curg și nu-i ușor,
Căci gându-mi e la tine,
De când moartea fără rost
Te-a luat de lângă mine.

Tu ești în lumea ta de sus
Și știu că-ți este bine,
Dar dorul ce în piept mi-ai pus,
Se varsă pentru tine.

Simt pe obraz cum curg ușor
Dar astăzi nu-s de jale,
Sunt doar fărâmele de dor
Când gândul tău apare.

Aud cum sună pic cu pic,
Când se revarsă-n noapte,
Și mă inundă nesfârșit,
Îmi murmur doru-n șoapte.

Păşesc pe al trăirii drum
Şi-ncerc să uit de toate
Şi ziua parcă te-am uitat,
Dar te revăd în noapte.

Nimic din ce a fost nu pot
Să readuc la viaţă,
Doar ele, lacrimi fără soţ,
Acum îmi curg pe faţă.

Durere văd când te privesc
Şi sper că tu eşti bine
Şi peste tot unde păşesc
Tu eşti doar lângă mine.

CONTRAST

Pe cer sunt stele ce se sting,
În lume, inimi ce înving.
Pe cer sunt aştrii ce sclipesc,
În lume, oameni ce iubesc.

Pe cer sunt raze care mor,
În lume, gânduri care dor.
Pe cer sunt nori ce îngrădesc,
În lume, oameni ce greşesc.

Pe cer sunt vise ce se-aprind,
În lume, doruri ce cuprind.
Pe cer sunt îngerii în zbor,
În lume, oameni care mor.

Pe cer sunt păsările-n stol
În lume, vise cad în gol.
Pe cer sunt forme ce uimesc,
În lume, oameni ce răzbesc.

Pe cer sunt ochi care privesc,
În lume, vise ce trăiesc.
Pe cer sunt goluri care dor,
În lume, inimile-n zbor.

Pe cer sunt granițe ce cresc,
În lume, oameni ce postesc.
Pe cer sunt bolțile de fier,
În lume, oamenii în ger.

Pe cer stă astrul ce-l iubesc,
În lume, fata ce-o doresc.
Pe cer sunt lacrimi purpurii,
În lume, visele târzii.

Pe cer văd stele, dar și nori,
În lume, oameni și erori.
Pe cer sunt flăcări ce domnesc,
În lume, oameni ce plătesc.

Pe cer ard stelele cu foc,
În lume, oameni cu noroc.
Pe cer sunt îngerii în zbor,
În lume, lacrimi care dor…

NU TOATE INIMILE SUNT PERECHI

— De câte ori te-am căutat,
De-atâtea ori m-ai refuzat.
De câte ori eu te-am iubit,
De-atâtea ori m-ai amăgit.

— Eu nu te vreau în viața mea
Deși-ți provoc o rană grea.
Eu știu prea bine că dorești
Ca doar pe min' să mă iubești.

— N-ai vrut nicicum dragostea mea,
N-ai vrut să fiu în preajma ta.
Deși tu știi că te îndrăgesc,
Nu m-ai lăsat să te iubesc.

— Nu vreau deloc dragostea ta
Deși-ți provoc o rană grea.
Nu vreau deloc să te rănesc
Căci eu nu pot să te iubesc.

— Am vrut să-ți dau inima mea
Dar tu n-ai vrut s-auzi de ea.
Am vrut ca viața s-o sfârșesc
Doar ca să vezi că te iubesc.

— De câte ori am încercat
Să te iubesc, dar nu mi-e dat.
De câte ori te-am ocolit
Doar ca să nu te văd rănit…

PREȚUL IUBIRII

Aș vrea să găsesc antidotul iubirii,
Fără să-mi pese de cauza firii.
Aș vrea să găsesc tiparele vieții,
Iubirea cea pură a tinereții.

Aș vrea să mă înfrupt din nimfa iubirii,
Fără să pierd clipa fericirii.
Aș vrea să înving umbrele vieții
Și lumina curată să străpungă pereții.

Aș vrea să renunț acum la iubire,
Fără să mor, plutind în neștire.
Aș vrea să mă văd ieșind victorios,
Din inima ta cu ceva prețios.

Aș vrea să privesc spre raza iubirii
Cum scaldă în ea clipa-mplinirii.
Aș vrea să vâslesc prin lumea cea moartă
Cu o rază de Soare ce-mi bate în poartă.

Aș vrea să revărs pe câmpul iubirii
Zâmbetul dulce al împlinirii.
Aș vrea să scap de povara ce-apasă
Pe dragostea pură din inima noastră.

Aș vrea să-mi găsesc în lume iubirea
Și împreună cu ea și fericirea.
Aș vrea să mă pierd în apele mării
Și să las totul pradă uitării.

VENIN

Privind spre mările de ceară
De sub cerul cel senin,
Vezi cum vin încet, pe seară,
Cupe albe cu venin.

De sub chip, de după pleoape,
Curge serul cel divin,
Lacrimi care au să-ngroape
Sufletul meu cristalin.

Oamenii din lumea oarbă,
Cred că totu-i cenușiu
Și încearcă să absoarbă
Toată apa din pustiu.

Norii toți de-ar fi să piară,
Timpul să se scurgă lin,
Am fugi de-a sorții gheară,
Totul ar fi în declin.

Dar din codrii nemuririi
Vine-un șarpe otrăvit,
Ce-n fântâna tinereții
Mult venin a azvârlit.

M-am lăsat pradă uitării
Și cu timpul m-am convins
Că povara depărtării
Pe-amândoi ea ne-a învins!

ÎNCĂ O STEA

Lepăd astăzi haina sorții
Ce mă dă pe mâna morții.
Lepăd astăzi haina vieții
Și iubirea tinereții.

Plec în ceruri chip de lut
Făr' măcar să te sărut.
Urc pe boltă acum târziu,
Pe arcada din pustiu.

Las în lumea asta-a morții,
Dorul meu și vraja nopții.
Las în urmă chipul vieții
Chiar în ceasul dimineții.

Urc pe bolta nemuririi
Sus pe razele iubirii,
Azi în ziua morții mele
Când mă număr printre stele.

INIMA NU ARE CÂRMĂ

Chiar nu știu în ce cotloane ale inimii-ai intrat
Sau ce vrăji făcut-ai oare atunci când m-ai sărutat.
Mi-ai dat sângele în clocot, inimii i-ai dat și foc,
Acum nu mai am astâmpăr, abia pot să stau în loc.

Poate a fost o îmbrățișare și-un sărut nevinovat
Dar pe mine m-a luat frigul de îndată ce-ai plecat.
Mi s-a-ncețoșat privirea, totul îmi părea blurat
Când priveam pe stradă lumea, totul era înghețat.

Tu te-ai dus în lumea-ți mare, eu în asta am rămas,
Hoinărind iarăși în locul unde am făcut popas.
Tu-mi spuneai de-ale tale și frumos îmi explicai,
Dar eu mă gândeam la mine că sunt după tine scai.

Nopți și zile trec grămadă, nopți și zile ca un val,
Inima-mi e o corabie ce plutește către-un mal
Când se clatină-n derivă, caut să o stăpânesc
Să ajung din nou la tine și să-ți spun că te iubesc!

ȚARA MEA DE DACI

Dar unde-i țara mea de daci,
Cu Sarmizegetusa?
Acum suntem niște săraci
Și l-am uitat pe Cuza.

Ținutul nostru strămoșesc,
Din Tisa până-n mare,
O Românie ce-o iubesc,
Un gând care mă doare.

Și unde-s regii cei înalți
Cu Soarele în frunte,
Mii de eroi neînfricați,
Mai mari decât un munte?

Zamolxis, zeul împărat,
Din ceruri să ne-asculte,
Când îl chemăm neîncetat
Pe toți să ne ajute!

Pe Antyrus noi l-am uitat
Și ne-am uitat cultura
Și parcă tot am astupat,
Urechile și gura…

Pe Burebista l-am avut
Al Daciei falnic rege
Și ne mințim că ne-am născut
După a Romei lege.

Din mare preot învățat,
El, Deceneu, răsare
Și-ajunge în Dacia împărat,
Iar Roma chiar tresare!

Pe Domițian l-a înfruntat
Și l-a învins în luptă
Un Decebal neînfricat,
Ce din romani se-nfruptă.

SATUL DE PE MARTE

Un lăstar răsare în valea cea pustie
Unde acum un secol erau ca el o mie.
Pe vremuri era umbră și foarte greu să crești
În codrii de aramă, în codrii românești.

Un deal curgând la vale mai ia cu el și-o casă,
Cu prispa reparată, cu poarta cea frumoasă.
Odat' cu ele aduce și vacile la apă,
Dar lumea și sătenii n-au cum ca să priceapă.

Nici pomii nu au umbră că nu au nicio cracă,
Ei stau culcați pe-o dungă, gândind c-au să renască,
Dar visul lor apune în sunet de mașină,
Ce nu împarte vise, ci care doar dezbină.

Lăstarul se înalță, pământul îl umbrește,
Și-odat' cu el speranța iară încolțește.
Din cuibul dintre ramuri, un cuc pleacă în zbor,
Când liniștea tresare la un sunet de topor.

În satul fără codri, totul e pustiu,
Aici nu e speranță, nimic nu mai e viu,
Nimic nu înflorește, aici doar se doboară,
Pădurea dintre dealuri la ei în sat coboară.

La birtul din obârșie sătenii se cinstesc
Cu vin fiert și țuică necazu-și povestesc.
Astăzi este o zi de sărbătoare,
Dar mâine ies la poartă, să ceară ajutoare.

Pe vremuri aveau slujbe plătite boierește,
Dar nu pe stat de plată, așa, mai românește,
Munceau doar cu toporul, nici nu le trebuia carte,
La ei nici nu contează că-și fac un sat pe Marte.

ÎNCHISOAREA MINȚII

Și de-aș deschide o lume nouă-n fața ta,
Tu tot ai fi pe-afară,
N-ai ști că te pot ajuta
Și nici că timpul zboară.

Îți spui că mâine vei intra,
Dar de unde atâta grabă?
Încă o zi nu va conta,
Că nu te-ai pus pe treabă.

Și dimineața când răsar
Razele de soare,
Tu nu-ți vezi viața un lăstar,
O vezi o închisoare.

Apoi începi să te gândești
Că nu ai invitație,
Așa-i la curțile domnești,
Tu nu faci figurație.

Și de te-aș duce cu al tău pat
În lumea-ncântătoare,
Tu tot vei fi preocupat
Că nu ai ajutoare.

Și, orișicât aș încerca,
Tu vei fugi de mine,
Crezând că te vei descurca,
Oricum tu știi mai bine.

Când timpul tău se va fi scurs,
Vei cere ajutorul,
Purtând cu tine un discurs
Că timpu-i trădătorul.

Vei face timpul vinovat
De-a ta procrastinare,
Vei spune că ești motivat,
Dar nu vrei o schimbare.

PATRIOȚI PENTRU O ZI

Cum devenim deodată patrioți
În ceas de sărbătoare,
Altfel suntem niște idioți
Pierduți în nepăsare.

Și tricoloru-l arborăm
De ziua națională,
Apoi de el ne lepădăm
De parc-ar fi o boală.

Prin lumea toată am împrăștiat
Parfumul strămoșesc,
Dar țara parcă ne-am uitat
Și neamul românesc.

Ne-amintim din când în când
De dorul ce ne doare
Și ne răsare iar în gând
O Românie mare.

Dar dimineața ne trezim plăcut
Din vrăjile beției
Și ne întoarcem la trecut,
La soarta României!

Nimic nu s-a schimbat nici azi,
În mână n-avem arme,
Ne pleacă mândrii noştri brazi,
Rămânem fără mame.

De-ar fi să ne trezim cândva
A doua zi, ca seara,
Cu entuziasmul de-a salva
Poporul nost' și țara.

ROMÂNII

Suntem făcuți din păcat
Și scăldați în durere,
Ca un chin îndurat
Revărsat din plăcere.

O broască într-o țeastă,
Pierdută în pustiu,
Un ghimpe în coastă,
Depistat prea târziu.

Suntem făcuți din cenușă,
Prin foc perpeliți,
Ca un pumn în mănușă,
Mereu răzvrătiți.

Suntem o ființă iubită
Ce-n vise trăim,
O stea pe orbită,
Pe un cer anonim.

CÂNTECUL MUT

Încerc să văd, deși sunt orb,
Să văd a ta splendoare.
Încerc s-aud, deși nu pot,
S-aud a ta chemare.

Încerc s-apuc, deși sunt ciung,
Buchetul de petale.
Încerc să simt, dar nu am cum,
Căci sufletul îmi moare.

Încerc să vin, dar nu te-ajung
Și inima mă doare.
Încerc să strig deși sunt mut,
Dar mă auzi tu, oare?!

TE CAUT ÎN ŞOAPTĂ

Și nu mi-e dor de noapte
Cum nu mi-e dor de zi,
Te strig, dar numa-n şoapte
Te strig, dar tu… nu vii!

Prin lumea relativă,
În noapte eu pășesc,
Nu-i o alternativă
Să nu te mai iubesc!

Pășesc singur în viață,
Pășesc, dar tu nu știi.
Mi-e inima de gheață,
Mi-e frig și tu nu vii...

În vis te văd în noapte,
Dar nu vreau să găsesc
Cărarea înspre moarte
Unde-am să te-ntâlnesc.

În câteva secunde
Din lume ai plecat,
În zările rotunde
Și singur m-ai lăsat.

Nu vreau decât o clipă
Din nou să te-ntâlnesc,
Și-apoi să-ți strig în pripă
,,Tată, te iubesc!"

ÎNCLEȘTAREA ZORILOR

În vis te văd albastru viu
Cum strălucești fără să știu.
În viață însă te-ntâlnesc
Și nu-ți pot spune „te iubesc".

Mă uit pe cer dacă-ai venit,
Pe boltă dac-ai răsărit,
Apoi mă culc și te visez
Și parcă simt că levitez.

Mi-apari în vis, dar pieri în zori,
Te caut ziua printre flori,
Din vis nu vreau să mă trezesc,
Îți strig în noapte „te iubesc".

Mă ții de mână când visez,
Însă eu știu c-acum trișez
Că nu-i reală mâna ta,
Ci-i doar un gând în mintea mea.

Aud adesea cum îmi spui
Vorbe dulci ca unui pui
Și singur eu mă amăgesc,
Căci știu că sincer te iubesc.

Eu știu că nu e pe pământ
Iubire fără-un legământ.
Și știu că nu e viață grea
Cum e iubirea pentru-o stea.

Te văd în vis, sub clar de lună,
În timp ce norii albi se-adună,
Cobori apoi spre patul meu
Mă faci să cred că sunt un zeu.

E-o noapte plină de erori,
O încleștare colo-n zori,
O clipă între două lumi,
Un chip ce plânge între pumni.

Cum doar în vise te găsesc,
În noapte vreau ca să trăiesc
Și, chiar de zorii vor veni,
Eu și mai mult te voi iubi!

Mi-e noaptea cel mai drag aliat,
Dar zorii zilei m-au aflat,
Razele m-au năpădit
Și m-am trezit la răsărit.

SĂ NU-MI CERI VISELE ÎNAPOI

Nu mă trezi din vise
Nici dacă-ar fi să mor.
La teatru, în culise,
Te văd și mă-nfior.

Piesa asta a vieții
Tu nu o joci cu mine.
Pe scena frumuseții,
Eu nu sunt lângă tine.

Tu ești regina serii,
Eu sunt doar un decor
Uitat între scenarii,
Un simplu privitor.

Trăiesc numai în vise
În care te-ntâlnesc,
În mii de piese scrise
În care îți vorbesc.

Îți spun iubirea-n șoapte
Dar simt că mă trezesc,
Te pierd apoi în noapte,
Și nu te mai găsesc.

Și zorii dimineții,
Care îmi dau fiori,
M-aruncă în mreaja vieții,
Lipsită de culori.

Să nu-mi ceri niciodată
Din vis să mă trezesc,
Căci nu e cu putință,
Să nu te mai iubesc!

MORS VOLUNTARIA

De pe muntele de gheață
Ce umbrește al meu vis,
Vreau să mă arunc în noapte
Și s-ajung în paradis.

Vreau să zbor apoi spre stele
Și să tremur în abis
Și s-ajung apoi la tine
Visele mi le-ai ucis.

Mă înec în umbra deasă
Ce se lasă-n ceas târziu,
Într-o clipă ne-înțeleasă,
Ce m-aruncă în sicriu.

Zorii vin, parcă-s de gheață
Și alungă al meu vis,
În care tu ești în viață,
Iar eu sunt în paradis…

SUFLETUL DE GHEAŢĂ

Dar ce faci toamnă, iară taci?
Aaa... acum eşti vorbăreaţă!
Unde-s poienile cu maci
Şi dealurile cu verdeaţă?

Unde e parcul meu cu flori,
Câmpiile cu iarbă multă?
Sunt dezbrăcat, mă trec fiori,
Tu strigi, nu mai eşti mută!

Cum baţi cu vântul tău târziu,
Cum mături prin ogradă,
Laşi tot în urma ta pustiu,
Doar moartea-ţi e dovadă!

Am observat de la un timp
Că nu mai este vară,
Şi-n mintea mea-i un anotimp,
O toamnă, o povară...

Unde te duci cu-atâtea flori,
Şi frunze şi verdeaţă?
Am constat de mii de ori:
C-ai sufletul de gheaţă!

FLOARE ALBĂ

Din umbra vechiului stejar
Pe cer apare Luna,
Ce atingea cu raza sa,
Veșmântu-ți și cununa.

Veșmânt din lauri aurii
Și solzi ca de balaur,
Ce-și varsă focul purpuriu
În inima-ți de aur.

În jurul tău văd cum se strâng
Lumini ce ard agale
Și sentimente care dor,
Adesea inegale…

INOCENŢA

În negura anilor s-a pierdut,
Spălată în timp de valuri,
Dragostea de la-nceput,
Născută între dealuri.

Uitată într-un colţ ascuns,
Timidă stă visarea,
Ca raza unui Soare apus
Ce-n larg alintă marea.

Din cristalină ce era,
Acuma e rugină,
Inima mea ce se-nfiera
Că nu-mi mai eşti regină.

Cu anii care trec pustiu,
Culoarea îţi dispare,
La fel şi visele, o ştiu,
Şi totul e uitare…

TOAMNA CEA RECE

Viața mea se scurge ușor,
Ca apa pură a unui izvor,
Iar inima mea e cuprinsă de dor,
În viața mea nu e pic de amor.

Anii trec în timp ce iubim,
Iar eu pentru tine devin anonim,
O stea oarecare, pierdută pe cer,
Cu timpul și eu am încetat să mai sper.

Ca vântul de toamnă care adie lin,
Pot să-mi privesc propriu declin,
Să-mi văd nebunia cum moare ușor,
De tine acum îmi e foarte dor!

Timpul rămas este cumplit,
Secundele lungi sunt un infinit,
La fel cum este dragostea mea,
Nici nu știu ce să mai fac cu ea.

Văd cum trec anii cei grei,
E toamnă acum în parcul cu tei
O toamnă pustie e-n inima mea,
O monedă aruncată într-o cişmea.

Focul tău se stinge târziu,
Toamna cea rece face totul pustiu,
Totul mi se pare atât de firesc,
Dar dragostea ta e ceva nebunesc.

Odată cu timpul au intrat între noi
Trăsnete, fulgere, ploi şi noroi.
Am rămas doar la cele trupeşti,
Mă-ntreb şi acum dacă mă mai iubeşti.

CHEIA INIMII

De câte ori am încercat
Să dau de cheia de la lăcat
Și câte nopți te-am mai privit
Și toată viața te-am iubit.

De câte ori m-ai amăgit
Că mă iubești la infinit,
Dar dragostea ți-ai amânat,
În suflet iar m-ai înjunghiat.

De câte ori m-ai părăsit
Și sufletul mi-ai răvășit,
Cu toate astea am încercat,
Dar dragoste tu nu mi-ai dat.

De câte ori m-ai ocolit,
Cu indiferență m-ai lovit,
Și câte chei eu am găsit,
Niciuna nu s-a potrivit.

CONTRACTUL IUBIRII

Un acord mutual avut-am cu a mea viață,
Însă el acum îmi pare nul,
Lipsit de vlagă și fără de speranță,
Mă-ncrunt la stele din jur.

Încep să strig la Luna imorală
Ce m-a lăsat singur pe drum,
Pierdut în lumea temporală,
Uitat în al iubirii scrum.

Și norii albi acum îmi par de ceară
Și trupul meu pare de plumb.
Pe câmpul florilor de vară,
Este acuma doar porumb.

Prin bezna ce se așterne-n noapte
Plonjez acum ca un nebun
Și vin spre ale tale șoapte,
Apoi ușor mă descompun...

ZÂMBETUL DIN FOTOGRAFIE

Te văd în poze cum zâmbești
Și-ți cauți alinarea,
Dar ochii tăi cei îngerești,
Își varsă supărarea.

Văd tristețea-n ochii tăi,
Chiar dacă râzi în șoaptă,
Și-ascunzi a' inimii văpăi,
Dar viața nu e dreaptă.

Privești spre cer, privești în gol
Și gândul te înalță,
Cenușăreasa-i un simbol,
Pantoful îl descalță.

Îți lași privirea, apoi zâmbești
Trăiești o dublă viață,
În una, în care te iubești
În alta, ești de gheață.

Ascunzi sub zâmbete povești,
Iar lacrimile-ți seacă
Și-ncerci apoi să zugrăvești,
Dar ele te îneacă.

CUPRINS